글

역사는 큰별쌤 최태성 | 큰별쌤 최태성 선생님은 한국사를 가르칠 때면 슈퍼 파워를 내뿜는 열정적인 대한민국 1등 한국사 선생님입니다. 우리가 역사를 왜 배워야 하는지, 역사 속 사람들과 어떻게 대화하고 소통해야 하는지를 알려주시죠. 큰별쌤과 함께라면 역사는 더 이상 지루하고 어려운 과목이 아니랍니다. 역사를 웃음과 감동이 넘치는 재미있는 이야기로 만드시는 능력이 있으시거든요. 큰별쌤은 어린이부터 어른까지 한국사를 공부하고 싶은 사람 모두를 돕고 싶다는 마음으로 모두의 별별 한국사 연구소장이 되셨어요. 그리고 EBS와 모두의 별별 한국사 사이트, 유튜브 채널 최태성 1TV와 2TV에서 한국사 무료강의를 선보이고 있죠. TV와 라디오 등 방송을 통해서는 남녀노소 모두를 위한 역사 교양을 살뜰히 챙겨주시며 대중과 소통하고 있습니다.

곽승연 | 대학에서 역사를 전공하고 초등학생 대상 역사·문화 콘텐츠 개발·운영하는 회사에서 오랜 기간 일을 했습니다. 지금은 '모두의 별별 한국사 연구소'에서 한국사 콘텐츠를 기획·제작하며 한국사 지식과 교양을 널리 전하는 일에 몰두하고 있습니다. 한국사 스토리텔러의 샛별이 될 그 날을 꿈꾸며 책도 쓰고, 공부도 열심히 하며 준비하고 있답니다.

그림

똥작가 신동민 | 대학에서 만화와 시각 디자인을 공부해서가 아니라 타고난 재치와 천재적인 예술적 감각으로 재미터지는 그림만을 선보여주시는 그림 쟁이. 쓰고 그린 책으로는 『똥까페』, 그린 책으로는 『최진기의 경제상식 오늘부터 1일』, 『용어사회 600』 등 무수한 작품을 배출하였습니다.

감수

모두의 별별 한국사 연구소 | 큰별쌤 최태성 선생님과 역사를 전공한 선생님들이 함께 우리 모두를 위한 별의 별 한국사를 연구하는 곳입니다. 어린이부터 성인까지 재미있고 즐겁게 공부할 수 있는 역사 콘텐츠를 만들기 위해 모두의 별별 한국사 연구소의 불은 밤늦게까지 환하게 빛나고 있습니다.

큰★별쌤과 우리 아이 첫 놀이 한국사

못말리는 한국사 수호대 8

미션: 외세의 침략으로부터 나라를 구하라

나는 대한민국 독립군 대장으로 침략자를 처단하였다!

탕

등장인물

영상으로 만나는 한국사 수호대

강산

호기심 많은 꼬마탐정

취미 ★ 탐정놀이
특기 ★ 메모하기
아끼는 보물 1호 ★ 탐정수첩

사건의 실마리가 될 만한 사소한 일도 모두 탐정수첩에 적는다.
관찰력이 뛰어나 주위를 잘 살핀다.

머리에 책이 들어있는 듯 똑똑한 명랑 소녀

취미 ★ 책읽기
특기 ★ 궁금한 거 질문하기
아끼는 보물 1호 ★ 만능시계

궁금한 건 절대 못 참는 성격 탓에 역사를 지키고 번개도둑도 잡기 위한 시간 여행을 떠나게 된다.

바다

마음이 따뜻한 역사 선생님

취미★배부르게 먹기
아끼는 보물 1호★이 땅의 모든 아이들

듬직한 성격과 체력으로 침착하게 강산, 바다, 핑이를 보호한다.

큰★별쌤

덩치는 작지만 용감한 강아지

취미★킁킁대기, 먹기
특기★달리기, 점프하기, 왈왈 짖어대기
아끼는 보물 1호★맛있는 간식

"쾅" 하는 큰 소리를 무서워한다. 번개도둑 냄새에 민감하다.

핑이

보물을 훔쳐 역사를 바꾸는 악당

취미★도둑질
특기★숨기, 약 올리기
지금 아끼는 보물 1호★동의보감, 태극기

변덕스러워서 갖고 싶은 보물이 자주 바뀜★

번개가 치면 주문을 외우고 순간 이동을 한다. 온몸을 꽁꽁 싸매 정확한 생김새를 아무도 모른다.

번개도둑

지난 이야기

어느 날, 강산이는 2층 다락방에서 무전기를 발견했어요. 무전기에서는 번개도둑들의 대화가 흘러나오고 있었어요.

강산이에게 번개도둑 이야기를 들은 큰별쌤은 깜짝 놀랐어요.
"번개도둑은 보물을 훔쳐 역사를 망가뜨리는 악당이야. 온몸을 꽁꽁 싸매고 있지."

얄라방방 얄라봉봉 잠긴 시간의 문아, 번개의 힘으로 열려라 번쩍번쩍!

번개도둑이 주문을 외우자 시간의 문이 열렸어요.

번개도둑을 따라 시간의 문으로 들어간 한국사 수호대! 번개도둑으로부터 보물을 지켜낼 수 있을까요?

문 안의 세계는 지금으로부터 아주 먼 옛날 조선으로 이어져 있어요.

경복궁을 둘러보던 한국사 수호대는 조선의 신하와 실랑이를 벌이던 번개도둑과 마주쳤어요. 번개도둑은 두루마리를 빼앗아 도망갔죠.

바다는 만능시계로 번개도둑의 예상 도주로를 알아냈어요. 한국사 수호대는 광화문에 먼저 도착해 몸을 숨기고는 번개도둑이 나타나기만을 기다렸죠.

한국사 수호대의 활약으로 태조는 번개도둑에게 빼앗겼던 천문도를 되찾았어요. 천문도를 빼앗긴 번개도둑은 시간의 문 속으로 도망가 버렸어요.

번개도둑을 쫓아온 한국사 수호대의 눈앞에 이순신 장군의 모습이 보였어요.

한편, 번개도둑은 이순신 장군의 전술을 일본군에게 귀띔해주기로 마음먹었지요.

하지만 번개도둑이 일본군에게 전한 정보는 잘못된 것이었어요. 결국 이순신 장군은 여러 전투에서 승리를 거두었고, 위기에 빠진 조선을 구했어요.

한국사 수호대는 아쉽게 번개도둑을 놓쳤지만, 스탬프 투어에서 도장을 모두 획득해 방패를 하나 더 얻을 수 있었어요. 방패는 마지막 여행지인 조선, 대한 제국에서 한국사 수호대를 도와줄 물건이랍니다.

번개도둑 몽타주 완성하기

그동안 모은 단서를 통해 번개도둑의 진짜 모습을 찾아보아요.

힌트
1. 붉은 갈색의 뽀글뽀글 엉켜 있는 파마머리
2. 짧고 통통한 손가락, 북슬북슬 털이 많은 손등
3. 날카롭게 찢어진 눈, 눈 밑에 있는 큰 점
4. 발목에 새겨진 번개 모양 문신
5. 광대 주위에 있는 까만 주근깨
6. 손목에 차고 있던 검은색 팔찌
7. 반짝이는 하트 모양 귀걸이

1번

2번

3번

4번

"야호! 신난다. 이게 얼마 만에 떠나는 캠핑이야~"

강산이의 들뜬 목소리에 큰별쌤과 바다, 핑이도 덩달아 신이 났어요.

캠핑장에 도착하자 후드드득 비가 내리기 시작했어요.

강산이는 방패를 꺼내 내리는 비를 막으려 했어요.

그 순간 방패에서 번쩍 빛이 나더니 시간의 문이 열렸어요.

"번개도둑이 무슨 일을 꾸미려는 게 아닐까? 일단 들어가 보자!"

시간의 문을 통과한 한국사 수호대는 넝쿨더미 속으로 떨어졌어요.

"비를 피하려고 방패 우산을 썼는데, 여기도 비가 내리네."

강산이가 힘 없이 말했어요.

바로 그때 핑이가 왈왈 짖으며 어딘가로 달려갔어요.

핑이를 쫓아가자 동굴의 입구가 보였어요.

"우선 저 동굴에서 비를 피하자꾸나."

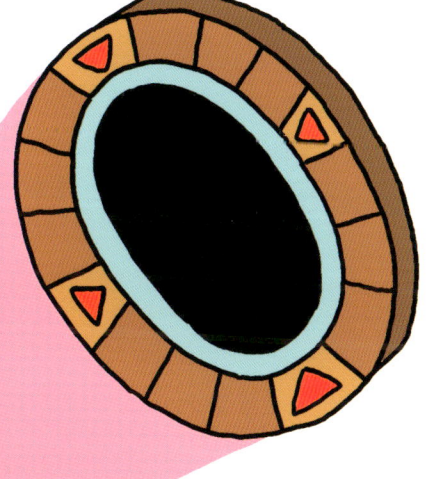

동굴 안에는 한 남자가 우두커니 앉아 무언가를 쓰며 중얼거리고 있었어요.

"동양 의학의 거울이 될 보물 같은 책이 될 거야."

남자는 인기척이 느껴졌는지 고개를 들어 주위를 살폈어요.

"어이쿠, 놀래라. 언제부터 여기 들어와 있었소?"

남자의 말에 큰별쌤이 재빨리 나서며 말했어요.

"길을 가던 중에 비를 피하려고 동굴로 들어오게 되었어요. 그런데 지금 쓰고 계신 것은 무엇인가요?"

"동의*보감이라는 의학책입니다."

그 말을 들은 바다가 강산이에게 속삭였어요.

"저분이 바로 조선 최고의 의사 허준 선생님이셔."

*보감 : 보배로운 거울이란 의미로 본보기가 되는 귀한 책을 말해요.

허준은 한국사 수호대에게 자기를 소개하기 시작했어요.

"나는 임금님의 건강을 돌보는 *어의였던 허준이라고 합니다.

임진왜란 중에 선조 임금님의 명령으로

*어의: 궁궐 내에서 임금이나 왕족의 병을 치료하던 의원을 말해요.

우리나라와 중국의 의학책을 두루 살펴보고 책을 만들기 시작했소.

백성들이 쉽게 구할 수 있는 *약재로

*약재: 약을 만드는 데 쓰는 재료예요.

병을 고칠 수 있도록 치료법을 정리하였을 뿐 아니라

병을 예방할 수 있는 방법도 이 책에 담고 있는 중이라오.

병을 치료하는 것도 중요하지만 걸리지 않는 것이 더 중요하니 말이오.

이제 완성되었으니 임금님께 바치기만 하면 됩니다."

허준의 말이 끝나자 큰별쌤이 말했어요.

"저희도 함께 가고 싶습니다."

"좋소. 오늘 밤은 여기서 잠을 청하고 내일 아침에 출발합시다."

새벽 무렵 부스럭거리는 소리에 잠에서 깬 강산이가
후다닥 도망치는 번개도둑을 보고 소리쳤어요.
"번개도둑이 동의보감을 훔쳐 달아나고 있어요!"
한국사 수호대가 번개도둑의 뒤를 쫓았지만,
번개도둑은 이미 흔적도 없이 사라져 버린 후였어요.
바로 그때, 왈! 왈! 왈!
종이들이 널부러진 곳을 향해 핑이가 마구 짖어댔어요.
허준이 땅에 떨어진 종이를 주우며 말했어요.
"이건 내가 쓴 동의보감의 일부요.
검정 두루마기를 걸친 그 자가
급히 도망치며 흘리고 간 것 같소.
이쪽으로 간 게 분명하오."

"번개도둑이 여길 지나갔단 말이지."

"킁킁… 이쪽에서 번개도둑 냄새가 나는데…"

허준과 한국사 수호대는 번개도둑이 도망친 강가 방方향으로 뛰어갔어요.

으아악! 끼익! 바다가 그 자리에 멈춰 서며 외쳤어요.

"다리가 끊겨서 강을 건널 수가 없어요."

바다의 소리를 들은 큰별쌤은 깜짝 놀랐어요.

* 시늉: 어떤 모양이나 움직임을 흉내 내는 모습을 말해요.

다리 위에서 번개도둑이 두 팔을 들고 동의보감을 강가로 던지는 *시늉을 하며 낄낄거리고 있었어요.

살금살금 나무 위로 올라간 핑이는 나뭇가지에 다리를 걸친 채 매달려 번개도둑이 들고 있던 동의보감을 집어 올렸어요.

동의보감을 빼앗긴 번개도둑이 씩씩거리며 달아났어요.

한국사 수호대의 도움으로 허준은 임금님께 동의보감을 전할 수 있었어요.

方 모 방: 방향의 '방'은 '방위, 방향(方)'이라는 의미예요. 방향은 어떤 곳을 향한 쪽을 뜻해요.

망가진 조선을 살리려 노력한 광해군

"허준, 그대 덕분에 백성들이 *질병의 고통에서 조금이라도 벗어날 수 있게 되었구나. 참으로 고맙소."

*질병: 몸의 온갖 병을 이르는 말이에요.

광해군은 허준에게 상으로 말 1*필을 내렸어요.

*필: 말이나 소를 세는 단위예요.

그 모습을 흐뭇하게 지켜보던 강산이에게 큰별쌤이 말했어요.

"광해군은 백성을 사랑하는 임금님이네요."

"광해군은 임진왜란으로 망가진 나라를 다시 살리고 백성들이 전쟁의 피해에서 벗어날 수 있도록 많은 노력을 기울였단다. 또 동의보감을 관청에 내려보내 백성들이 볼 수 있도록 하였지."

그로부터 8년이 흐른 어느 날, 광해군의 얼굴에 걱정이 가득했어요.

명나라가 *후금을 공격할 군사를 보내달라고 요청했기 때문이었죠.

다시 전쟁이 일어나면 백성들이 힘들어질 테고, 임진왜란때 우리를 도와준 명나라의 요청을 무시할 수도 없으니…. 이 일을 어쩐다 말이냐….

한참의 고민 끝에 광해군이 무릎을 **탁** 쳤어요.

그러고는 강홍립 장군을 불러 이야기했어요.

* 후금 : 여진이 세운 나라로, 훗날 나라 이름을 '청'으로 고쳤어요.

"강홍립 장군, 우선 군사를 이끌고 가 명나라를 도우시오.

그리고 상황에 따라 적절하게 대처하시오."

광해군의 명령을 받은 강홍립 장군은 부하들에게 말했어요.

"*전하께서 후금과 싸우는 것을 원하지 않으시는 듯하다.

적당한 때를 봐서 물러나자."

* 전하 : 조선 시대에 왕을 높여 부르던 말이에요.

강홍립 장군이 군사를 이끌고 떠난 후 궁궐 안 돌계단에 신하들이 모여 들었어요.

평소 광해군을 못마땅하게 생각한 신하들과 신하로 변장한 번개도둑이 이야기를 나누고 있었지요.

"명나라로 간 조선의 군사가 사실은 후금과 싸우지 않으려 한다는 게 사실이오?"

"조선을 도왔던 명나라에게 *의리 없는 행동이 아닙니까!"

이 일을 트집 잡아 신하들은 광해군을 왕위에서 끌어내릴 계획을 세웠어요.

결국 광해군은 왕위에서 물러나게 되었죠.

* 의리 : 사람으로서 지켜야 할 도리를 뜻해요.

다음으로 왕위에 오른 인조는 광해군과 반대로 정책을 펴 나갔어요.

명나라와 친하게 지내고, 청나라를 멀리하였죠.

"명나라는 조선을 도와준 나라야. 아무리 후금이 강해졌다 하더라도 명나라에 대한 의리를 지켜야 해."

조선의 왕이 청에 항복한 병자호란

"*봉수에 다섯 개의 연기가 올랐다!"
"이거 큰일인 걸. 전쟁이 시작됐어!"
남산의 봉수대를 지키던 군인들은
멀리서 봉수가 피어오르는 것을 보고
연기를 피워 궁궐에 신호를 보냈어요.
연기가 피어오르는 것을 본 큰별쌤이 말했어요.
"봉수 다섯 개가 피어오르면 전쟁이 일어났다는 신호란다.
청나라가 조선에 쳐들어온 것 같구나."

*봉수: 낮에는 연기를 피우고, 밤에는 불을 피워 전쟁과 같은 위급한 상황을 알리던 시설이에요.
봉화 1개: 평상시
2개: 적이 나타남
3개: 적이 국경 가까이 옴
4개: 적이 쳐들어옴
5개: 적과 싸움

전쟁이 일어났다는 신호야!

한국사 수호대가 궁궐에 다다랐을 즈음,

강화도로 피란을 떠나는 인조의 *행렬이 보였어요.

"우리가 피란 행렬보다 먼저 강화도에 도착해야 해. 서두르자!"

그러나 강화도로 들어가는 길 입구에는 이미 청나라의 군대가 와 있었어요.

"번개도둑이 청나라에 인조의 피란 사실을 흘린 게 아닐까요?"

"서둘러! 인조 임금님에게 이 사실을 알려야 해."

한국사 수호대는 황급히 인조의 피란 행렬로 돌아가 외쳤어요.

"강화도로 가시면 안 돼요!

이미 청나라 군대가 강화도로 가는 길을 막고 있어요!"

결국 피란 행렬은 말머리를 돌려 남한산성으로 들어갔어요.

*행렬: 여러 사람이 줄지어 가는 모습을 뜻해요.

인조와 신하들이 남한산성으로 몸을 피하기긴 했지만
곧 청나라 군대가 산성 주변을 에워쌌어요.
변장한 번개도둑도 성 안으로 몰래 숨어들었어요.
 '추운 겨울이니 성 안에 식량이 많지 않을 거야.
식량을 빼돌려 조선이 빨리 항복하게 해야겠군.'
번개도둑은 성 안의 식량을 모두 성 밖으로 빼돌렸어요.
얼마 지나지 않아 성 안의 식량이 거의 떨어졌어요.

"나라와 백성을 지키려면 순간의 창피함을 견뎌야 해."

한겨울 추위에 산성 안에 있는 사람들이 하나둘 쓰러지기 시작했어요.

인조는 깊은 고민에 빠졌어요.

추위에 떨며 굶주리는 백성들을 생각하면 항복을 해야 하지만 *오랑캐라고 여겼던 청나라에 항복을 하는 건 자존심이 몹시 상하는 일이었거든요.

하지만 인조는 더 이상 버티지 못하고 성의 작은 문을 열고 나섰어요.

*삼전도로 간 인조는 절을 하며 항복 의식을 치렀어요.

*오랑캐: 다른 민족을 낮잡아 부르는 말이에요.
*삼전도: 서울과 남한산성을 이어 주었던 나루예요.

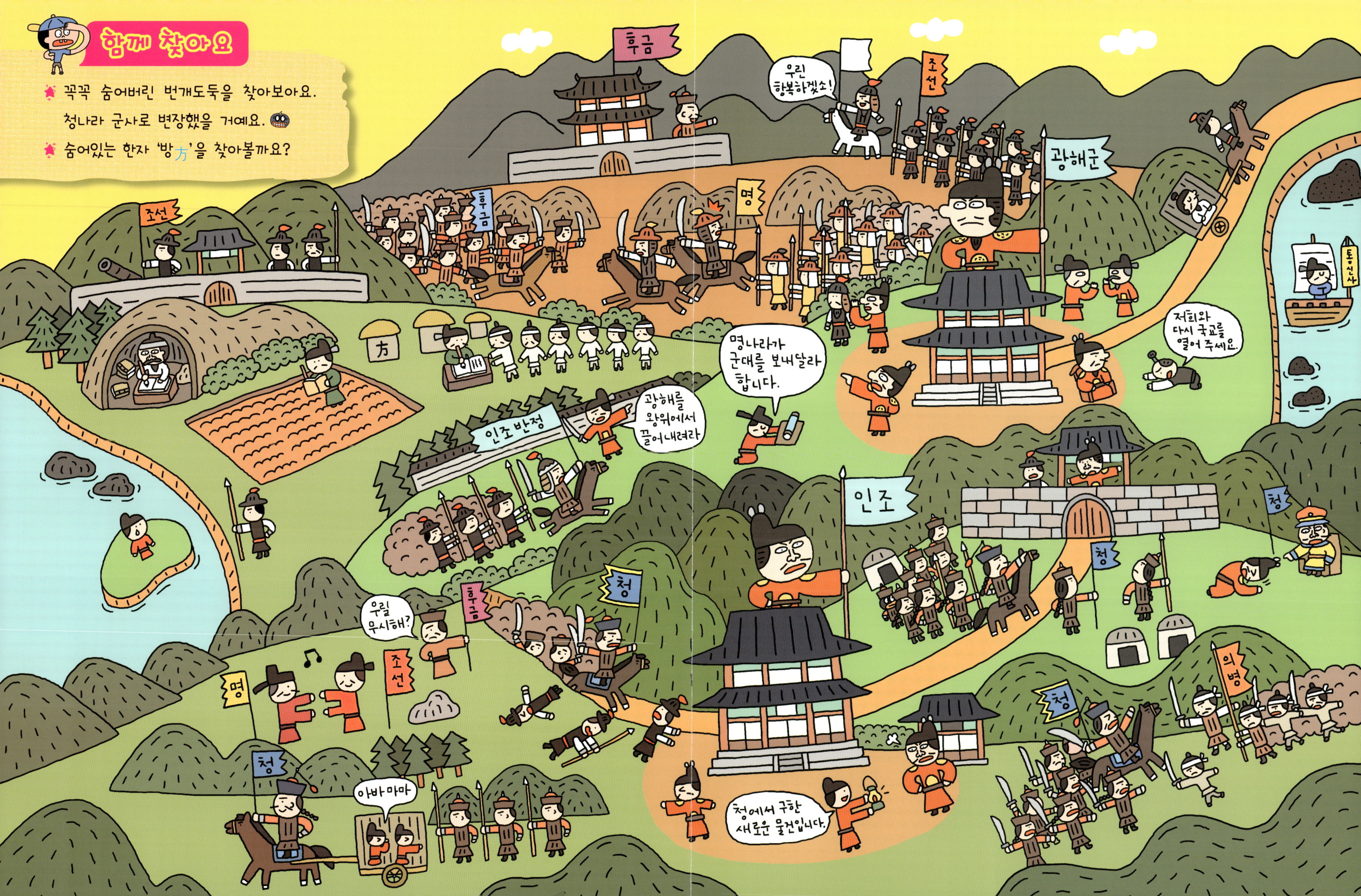

삼전도 근처에서 번개도둑은 울고 있는 아이와 엄마를 만났어요.

"혹시 먹을 것이 있다면 조금만 나눠줄 수 있나요?
우리 아이가 며칠째 제대로 먹지를 못해서요."

아이의 엄마는 번개도둑을 붙잡고 말했어요.

식량을 빼돌렸던 번개도둑은 미안한 마음에 서둘러 자리를 피했어요.

번개도둑은 소현 세자와 백성들이 청나라에 인질로 끌려가는

모습을 물끄러미 바라보았어요.

신발 한 짝이 벗겨진 채 끌려가는 소녀를 보자, 이상한 기분이 들었어요.

"흐음. 안타깝긴 하지만…. 다시 역사를 망치러 떠날 테야."

한국사 수호대도 시간의 문을 통해 번개도둑을 뒤쫓았어요.

개혁의 꿈을 펼친 정조

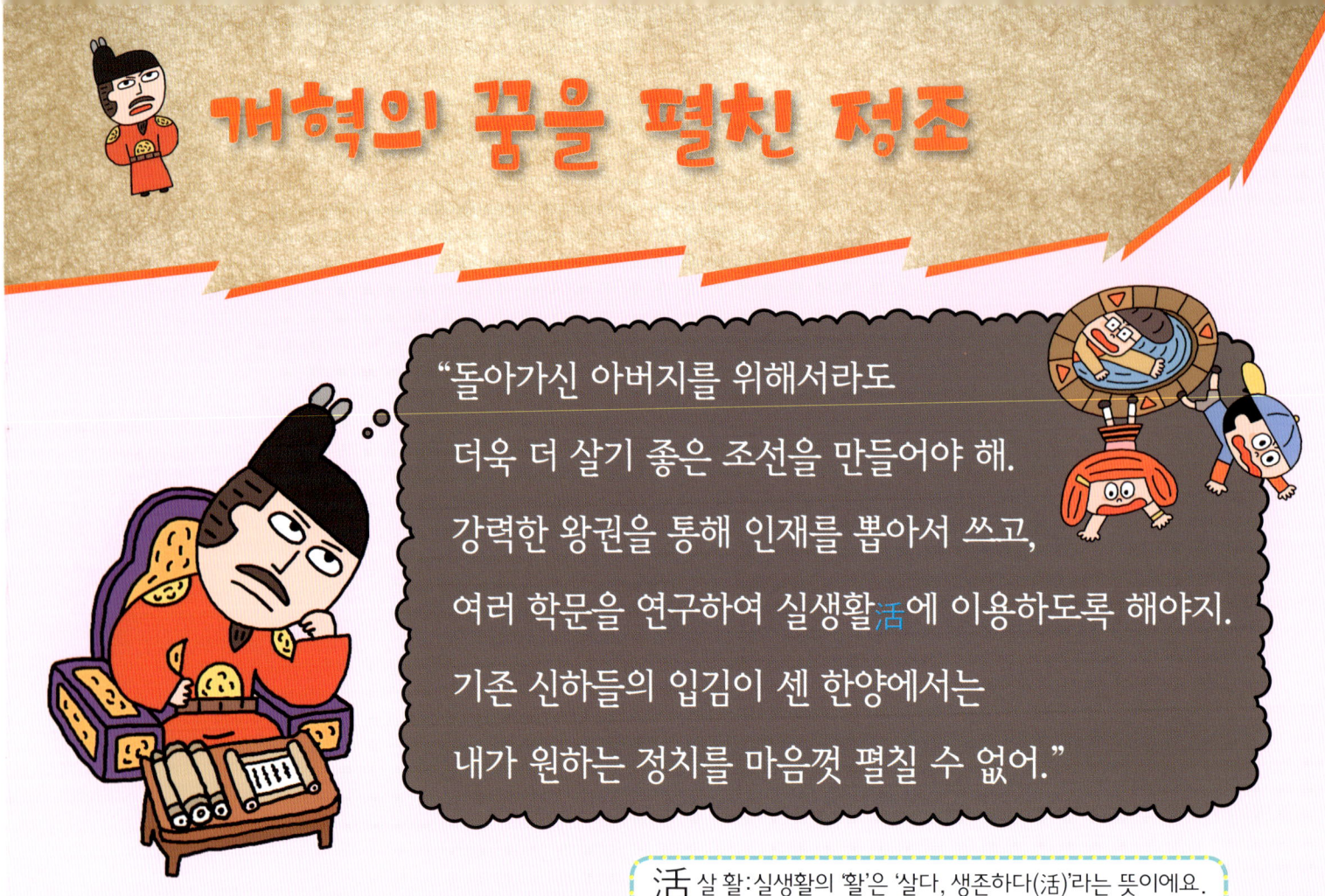

"돌아가신 아버지를 위해서라도
더욱 더 살기 좋은 조선을 만들어야 해.
강력한 왕권을 통해 인재를 뽑아서 쓰고,
여러 학문을 연구하여 실생활活에 이용하도록 해야지.
기존 신하들의 입김이 센 한양에서는
내가 원하는 정치를 마음껏 펼칠 수 없어."

活 살 활:실생활의 '활'은 '살다, 생존하다(活)'라는 뜻이에요.
실생활은 이론이 아닌 실제의 생활을 의미해요.

정조를 지켜보던 큰별쌤이 말했어요.

"우리가 정조 임금 시대로 온 것 같구나."

다음 날 한국사 수호대는 정조를 따라 나섰어요.

"전하! 부르셨습니까?"

"정약용, 어서 오게. 신도시를 건설해
새 정치를 펼치려 하네. 자네가 도와주겠나?"

*설계: 계획을 세우는 것을 말해요.

정조는 정약용에게 신도시를 보호할 성곽의 *설계를 맡겼어요.

정약용의 설계를 바탕으로, 드디어 수원에서 화성의 공사가 시작되었죠.

정약용은 무거운 물체를 들어 올리는 장치인 거중기도 만들었어요.

정조는 때때로 수원으로 내려가 공사가 잘 되고 있는지 지켜보았어요.

그때 공사 현장의 일꾼으로 변장한 번개도둑이 나타나 말했어요.

"크큭. 가만히 있으면 번개도둑이 아니지! 어디 한번 망쳐볼까?"

번개도둑이 성벽의 돌을 중간 중간 하나씩 빼면서 화성 공사를 방해하기 시작했어요.

그때 큰 돌 하나가 번개도둑을 향해 굴러가기 시작했어요.

車 수레 거: 유형거의 '거'는 '수레, 수레바퀴(車)'라는 의미예요. 유형거는 무거운 물체를 실어 나르는 데 쓰는 수레의 종류 중 하나예요.

그 모습을 본 정조가 재빨리 유형거車를 밀어 돌을 막았어요.

"다친 데는 없느냐?"

정조가 번개도둑의 몸에 묻어 있는 흙을 털어주며 물었어요.

"추워 보이는구나. 여봐라, 이 일꾼에게 추위를 막을 수 있는 모자를 주거라."

정조는 번개도둑을 따뜻하게 안아주었어요.

번개도둑은 정조 임금에게 **살짝** 미안한 마음이 들었어요.

그래서 더 이상 공사를 방해하지 않기로 결정하였죠.

사라진 번개도둑을 따라 한국사 수호대도 수원 화성에서 북악산 꼭대기로 순간 이동을 하였어요.

조선의 문을 굳게 걸어 잠근 흥선 대원군

북악산 밑을 내려다보던 바다와 강산이의 눈이 휘둥그레졌어요.

아름다웠던 궁궐은 사라지고, 불에 타버린 궁궐만이 남아 있었거든요.

"임진왜란 때 경복궁이 불에 타 없어졌단다."

"없어졌다고요? 지난 소풍 때 경복궁으로 현장 학습을 간 적이 있어요."

좀 전보다 더 동그래진 눈으로 바다가 말했어요.

"흥선 대원군 때 왕실의 위엄을 되살리기 위해 경복궁을 다시 지었단다. 바다가 다녀온 지금의 경복궁은 그때 다시 지은 거야."

"흥선 대원군이 누구예요?"

별별 퀴즈

한국사 수호대가 나무 밑에 옹기종기 둘러 앉아 있어요.
큰별쌤이 낸 퀴즈의 정답을 맞혀 보세요.

이 사람의 이름은 이하응이에요.
아들인 고종이 왕위에 오르자 대원군이 되었지요.

'대원군'은 어떤 사람에게 주는 호칭일까요?

1 조선에서 가장 벼슬이 높은 사람

2 자신은 왕이 아니면서 왕의 아버지가 된 사람

3 조선에서 가장 학문이 높은 사람

4 왕비의 아버지

큰별쌤은 바다와 강산이에게 조선의 이야기를 더 들려주었어요.

"정조 임금님이 돌아가신 뒤, 조선의 권력은 몇몇 가家문에게 넘어갔단다.

*벼슬에 나아가려면 힘 있는 가문에 돈을 바쳐야 했지.

벼슬을 돈으로 산 관리들은 백성들에게 세금을 마구 걷어 자기 주머니를 채우기까지 했어."

家 집 가: 가문의 '가'는 '집, 가족(家)'이라는 뜻이에요. 가문은 집안이라는 의미예요.

"백성들이 살기 어려웠겠군요."

바다와 강산이가 안타까워 했어요.

*벼슬: 관청에서 나랏일을 맡아보는 사람을 이르는 말이에요.

그러자 큰별쌤이 불꽃 마법을 선보이며 말했어요.

"자, 이제 조선에서 마지막 개혁의 불꽃을 피운 사람이 등장할 차례야. 바로 이 사람, 흥선 대원군이지."

큰★별쌤 이야기

흥선 대원군은 어린 나이에 왕이 된 고종을 대신해 나랏일을 다스렸어. 지금부터 흥선 대원군이 어떤 정책을 펼쳤는지 알아볼까?

정책 1 ★ 왕권 강화 정책

安 편안 안: 안정의 '안'은 '편안하다(安)'라는 의미예요. 안정은 일이나 마음이 편안한 것을 뜻해요.

12세의 어린 고종을 대신하여 그의 아버지인 흥선 대원군이 나랏일에 대한 모든 권한을 가졌어. 왕실의 권위를 세우고, 신하들에게 빼앗긴 권력을 되찾는 등 어지러운 나라를 바로잡기 위해 애를 썼지. 백성들의 삶을 안安정시키기 위한 정책도 펼쳤단다.

정책 2 ★ *통상 수교 거부 정책

당시 서양 세력은 조선에 *교류를 요구했어. 흥선 대원군은 그들이 조선을 침략할 거라고 생각했기에 나라 문을 굳게 걸어 잠그고, 서양 세력이 조선에 들어오는 것을 막았어. 그러자 프랑스가 먼저 강화도로 침입했고, 이어서 미국도 우리나라를 공격하였어.

*통상 수교 거부 정책: 다른 나라와 무역 등의 교류를 하지 않는 정책을 뜻해요.

*교류: 문화 또는 사상이 서로 통하는 것을 말해요.

바로 그때 무전기에서 소리가 들렸어요.

"*광성보로… 지지지직."

*광성보: 오늘날의 강화도에 있는 방어 시설이에요.

"번개도둑이 광성보에 있는 것 같구나. 우리도 서둘러 그곳으로 가자."

한국사 수호대가 강화도에 도착하자마자

쿵! 쿠르르 쾅! 소리가 들렸어요.

"이게 무슨 소리죠? 지진이 난 게 아닐까요?"

바다가 깜짝 놀라며 물었어요.

*대포: 화약을 넣어 포탄을 멀리까지 내쏘는 무기예요.

"*대포가 터지는 소리 같은데…!"

한국사 수호대는 소리가 들리는 쪽으로 뛰어갔어요.

미국의 군대가 조선의 군사들을 향해 대포와 총을 쏘고 있었어요.

조선의 군사들은 제대로 된 무기가 없었지만 주변의 돌멩이를 던지면서 끝까지 저항했어요.

강산이와 바다도 돌멩이를 나르며 그들을 도왔지요.

조선의 군사들이 포기하지 않고 싸우자, 결국 미군이 물러갔어요.

"미군은 물러갔지만 조선 군사들의 피해가 너무 크구나."

큰별쌤이 슬퍼하며 말했어요.

번개도둑은 총탄에 쓰러지면서도 끝까지 싸우는 조선 사람들을 보자 왠지 모르게 마음이 울컥했어요. **꿀렁꿀렁**

"죽을 수 있다는 걸 알면서도 끝까지 싸우는 이유가 뭘까?"

곰곰히 생각하던 번개도둑은 터덜터덜 시간의 문으로 걸어 들어갔어요.

나라의 문을 열다, 강화도 조약

*초지진: 침입하는 적을 막기 위한 시설로, 오늘날 인천 강화도에 있어요.

쾅! 쾅! 쾅!

"분명 시간의 문을 통해 강화도 *초지진으로 넘어왔는데,

왜 대포 소리가 계속 들리는 거죠?"

화들짝 놀란 바다가 큰별쌤에게 물었어요.

"호시탐탐 조선을 노리던 일본이 강화도 앞바다로 *운요호를 보내

총과 대포로 조선을 위협하고 있기 때문이란다."

*운요호: 일본의 군함 이름이에요.

쾅! 쾅! 쾅! 또다시 대포 소리가 들려오자 해안을 지키던

조선의 군사들이 허락 없이 침입한 운요호를 공격했어요.

그러자 운요호는 기다렸다는 듯이 대포를 쏴 초지진을 파괴하고,

인천에 있는 영종도로 가서 마을을 불태우고 *약탈했어요.

*약탈: 폭력을 써서 남의 것을 억지로 빼앗는 것이에요.

얼마 뒤 일본은 먼저 운요호를 공격한 책임을 지라며,

조선에 *조약을 강요했어요.

*조약: 나라와 나라 사이에 문서를 이용해 법적으로 약속을 맺는 걸 뜻해요.

조선은 어쩔 수 없이 일본과 조약을 맺었어요.

이때 맺은 조약을 '강화도 조약'이라고 해요.

일본은 자신들과 조약을 맺는 것이 조선에 도움이 될 거라고 했지만,

그건 거짓말이었어요.

강화도 조약에는 조선에 불공평한 내용이 많았어요.

큰별쌤은 계속 이야기를 이어 나갔어요.

"강화도 조약으로 나라의 문이 열리고, 조선은 미국·영국·독일·러시아 등과도 조약을 맺게 되었단다."

"그 조약들도 조선에 불리했나요?"

큰별쌤은 대답 대신 고개를 위아래로 끄덕였어요.

그러자 언제 옆에 와 있었는지, 번개도둑이 머리를 긁적이며 말했어요.

"조선이 다른 나라의 먹잇감이 된 건가요?"

예상치 못한 번개도둑의 등장에 한국사 수호대는 잠시 어리둥절했어요.

그때 핑이가 번개도둑의 망토를 물며 달려들었어요.

+얄라뱡뱡 얄라봉봉 잠긴 시간의 문아, 번개의 힘으로 열려라 번쩍번쩍!+

번개도둑이 주문을 외우자 *연무당에 시간의 문이 열렸어요.

*연무당: 강화도 조약이 맺어진 장소예요.

나라를 지키려는 고종과 빼앗으려는 일본

어둠이 내려앉은 궁궐에 많은 사람들이 모였어요.

電 번개 전: 전등의 '전'은 '전기, 전류(電)라는 의미예요. 전등은 전기의 힘으로 밝은 빛을 내는 등이에요.

"이 밤에 무슨 일인가요?"

궁녀는 바다에게 잠시후 전電등에 불이 켜질 거라고 말해주었어요.

마침내 전등에 불이 환하게 켜졌고, 구경하던 사람들이 환호하기 시작했어요.

강산이가 큰별쌤에게 물었어요.

"큰별쌤, 이곳은 어디인가요?"

"지난번 북악산 꼭대기에서 바라봤던 경복궁 안이란다."

"흥선 대원군 때 다시 지었다고 하더니 이런 모습으로 완성되었군요."

큰별쌤의 말에 강산이와 바다는 신기해하며 주변을 둘러보았어요.

"서양 여러 나라 사람들이 드나들면서 조선의 모습은 새롭게 바뀌어 갔단다."

큰별쌤이 하하! 웃자 궁궐 벽에 커다란 구멍이 생겼어요.

한국사 수호대가 도착한 곳은
고종이 황제의 나라를 선포하는 현장이었어요.

*대한 제국: 고종이 황제의 나라를 선포하고 바꾼 나라 이름이에요.

"*대한 제국을 선포한다! 나는 이제부터 대한 제국의 황제이다!"

고종은 외세에 휘둘리지 않는 강한 나라를 만들기 위해

여러 개혁 정책을 펼쳤어요.

"전기가 들어와 전등에 불도 켜지고, 나라 이름도 바꾸고….

조선의 모습이 많이 바뀌었네요!"

바다의 말에 큰별쌤이 더 놀라운 것을 보여주겠다며 하하! 더 크게 웃었어요.

시간의 문을 통해 이동한 곳은 종로 거리였어요.

"자네, 전기로 가는 요상한 차가 생겼다는 소식 들었나?"

"전차 말인가?"

"전차는 전기를 이용해서 *궤도를 달리는 기차를 말하는 거지요?!"

바다가 어깨를 으쓱하며 말했어요.

강산이가 전차를 타려 하자 한 남자가 급히 막아서며 물었어요.

"옷차림이 이상한데… 양반이오? 상놈이오?
 양반이면 상등 칸, 상놈이면 하등 칸에 타야 하오."

바다와 강산이가 어리둥절한 표정을 짓자 큰별쌤이 답했어요.

"처음 전차가 생겼을 때는 양반과 백성이 타는 칸이 나뉘어 있었어.
 전차는 다음에 타기로 하고, 일단 번개도둑이 갈 만한 곳부터 찾아보자!"

번개도둑을 찾아 헤매던 한국사 수호대는 일본군에게 둘러싸인
경운궁 중명전으로 오게 되었어요.

*궤도: 기차나 전차의 바퀴가 굴러가도록 레일을 깔아 놓은 길을 말해요.

"저기 가운데 있는 사람이 우리나라 침략에 앞장선 이토 히로부미야.

결국 을사 *늑약이 체결되는 구나. 흑흑

*늑약: 억지로 맺은 조약이에요.

우리나라가 일본에 강제로 외교권을 빼앗기게 된 조약이지."

"큰별쌤, 어떤 분이 중명전 밖으로 끌려 나가고 있어요!"

놀란 바다가 발을 동동 구르며 말했어요.

"을사늑약 체결에 반대했기 때문에 쫓겨나는 거란다.

저기 있는 다섯 명은 조약 체결에 찬성한 사람들이란다.

저들을 똑똑히 기억하렴.

시간 여행을 마치고 대한민국에 돌아가서도

우리는 나라를 팔아먹은 자들을 손가락질하게 될 거야.

자, 우리가 또 가봐야 할 곳이 있단다."

한국사 수호대는 재판장으로 순간 이동을 했어요.

큰별쌤이 아이들의 귓가에 작은 소리로 이야기했어요.

"우리나라 신하들을 협박해 강제로 을사늑약을 맺게 했던 이토 히로부미 기억하지?

안중근 *의사가 하얼빈 역에서 이토 히로부미를 처단하였단다.

그리고 바로 일본 경찰에 붙잡혔지. 지금 그 재판이 열리고 있는 거란다."

*의사: 총이나 폭탄 등을 이용해 무력으로 투쟁하다가 의롭게 죽은 사람을 의미해요.

"네 죄가 무엇이냐?"

일본인 판사가 묻자 안중근은 흔들림 없는 눈빛으로 당당하게 말했어요.

"나는 대한민국 독립군 대장의 자격으로 동양 평화를 위해 우리나라를 침략한 자를 처단하였다."

안중근 의사의 당당함에 한국사 수호대의 눈에서 눈물이 **주르륵** 흘렀어요.

끼익 재판장 문이 열리는 소리에 뒤를 돌아보니

번개도둑이 재판장을 빠져나가고 있었어요.

빼앗긴 나라를 되찾기 위한 독립운동가의 노력

재판장에서 모습을 감춘 후 한동안 번개도둑으로부터 무전이 없었어요.

바다와 강산이는 몽타주를 그리며 번개도둑의 *행방을 추적하고 있었죠.

*행방: 간 곳이나 방향을 이르는 말이에요.

"결국 대한 제국은 이렇게 끝이 나는 건가…."

큰별쌤이 콧물을 훌쩍이며 눈물을 훔쳤어요.

그 말에 바다와 강산이도 울먹이며 물었어요.

"일본에 나라를 빼앗기는 건가요? 흑흑"

큰별쌤이 슬퍼하는 아이들을 다독이며 말했어요.

"일제에 국권을 빼앗기고 일제 *강점기를 맞았지만,

 우리 민족은 일본의 지배를 받으며 살 수 없다고 생각했어.

 그래서 정말 많은 분들이 나라를 되찾기 위해 노력했지."

*강점기: 남의 땅, 권리를 강제로 차지한 시기를 뜻해요.

학생들과 민족 대표들은 비밀리에 만萬세 운동을 준비했어요.

萬 일만 만: 만세의 '만'은 '일만(萬)'이라는 의미예요.
만세는 바람이나 경축, 환호의 느낌으로 외치는 말이에요.

그리고 우리나라가 일본으로부터 독립된 나라라는 것을 알리는 독립 선언서도 작성했죠.

마침내 1919년 3월 1일이 되었어요.

바로 그때 무전기가 켜지며 "지지직!" 소리가 났어요.

📱 대한 독립 만세~! 대한 독립 만세~!

무전기 속 목소리를 들은 큰별쌤이 말했어요.

"번개도둑이 탑골 공원에 있는 것 같아.

 우리도 그곳으로 가자!"

한국사 수호대가 탑골 공원에 도착했을 때는
이미 많은 사람들이 모여 있었어요.

태극기를 손에 들고 모두가 한 목소리로 외치고 있었죠.

🇰🇷 **대한 독립 만세~! 대한 독립 만세~!** ✨🌸

"엇! 저기 번개도둑 아니야?"

"강산아, 네가 착각한 거 아니야? 여기 있는 사람들은
 나라를 되찾기 위해 독립 만세를 부르고 있는 거야!"

강산이의 말에 바다가 대답했어요.

강산이와 핑이는 번개도둑으로 의심되는 자의 뒤를 바짝 쫓았어요.

"번개도둑 맞지? 잡았다, 요놈!"

강산이가 번개도둑의 팔을 꽉 잡으며 의심의 눈초리로 쳐다보았어요.

큰별쌤이 번개도둑 곁으로 다가가 물었어요.

"번개도둑, 설마 너, 독립 만세를 외치고 있었던 거니?"

"네. 나라를 지키기 위해 노력하는 사람들을 보니 한국사를 망치려고 못된 짓을 꾸몄던 제 자신이 부끄럽더라고요."

번개도둑이 주저 앉아 엉엉 소리 내며 울었어요.

핑이가 번개도둑의 눈물을 핥자, 시간의 문이 열렸어요.

"번개도둑! 우리랑 같이 가자. 시간의 문이 점점 닫히고 있어!"

"나는 여기 남을래. 아직 할 일이 있거든."

번개도둑을 남겨둔 채 한국사 수호대는 좁아진 시간의 문으로 간신히 들어갔어요.

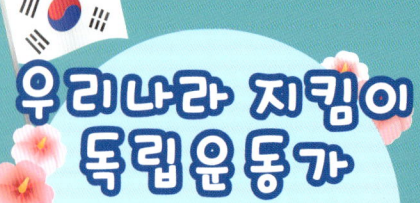
우리나라 지킴이 독립운동가

일본에 나라를 빼앗긴 후,
독립운동가들은 나라를 되찾기 위해 노력했어요.
다음은 독립운동가들의 이름판과 설명판이에요.
그런데 이름과 설명이 서로 맞지 않아요.
시계 방향으로 설명판을 몇 칸 돌려야 할까요?

돌리는 방향 →

 청산리에서 일본군과 맞서 싸웁시다.

 독립을 위해 마음을 모으고 힘을 길러야 합니다.

안창호 / 유관순 / 김좌진 / 윤봉길

 대한 독립 만세!

 친구들아, 만세를 외치자!

☐ 칸

역사 속에 남은 번개도둑은 계속해서 만세 운동을 했어요.
또 빼앗긴 나라를 되찾고자 노력하는 여러 독립운동가들을 만나 감사 인사를 전했어요.

더 이상 한국사를 망칠 순 없어!

훌쩍 훌쩍! 번개도둑의 눈에서 눈물이 그치질 않았어요.
번개도둑은 스스로를 감추고 있던 망토와 옷을 벗으며 말했어요.
"한국사를 절대 망쳐서는 안 된다는 사실을 깨달았어.
후손들에게 더 나은 세상을 물려주고자 모든 것을 바쳐 노력하는 사람들이 이렇게나 많은데….
이제 못된 짓을 멈추어야겠다."

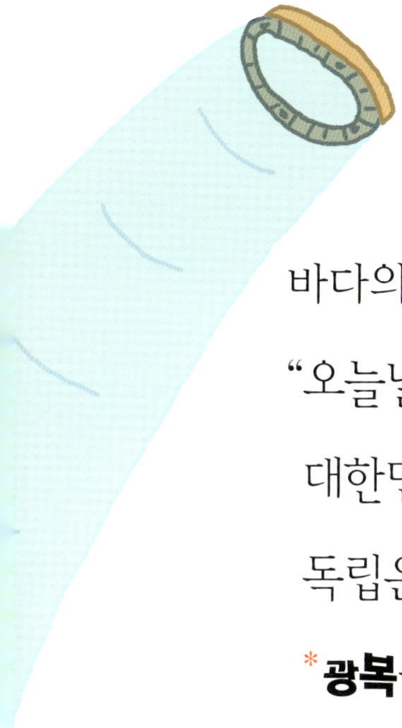

한국사 수호대는 번개도둑을 과거 속에 남기고 먼저 대한민국으로 돌아왔어요.

"우리나라는 일본으로부터 독립을 하게 되나요?"

바다의 질문에 큰별쌤이 머리를 쓰다듬으며 말했어요.

"오늘날 바다와 강산이, 핑이가 대한민국에서 잘 지낼 수 있는 이유는 독립운동가들의 노력으로 **1945년 8월 15일**, ***광복**을 맞았기 때문이란다."

*광복: 빼앗긴 나라를 되찾은 일이에요.

강산이와 바다, 핑이는 만세를 외쳤어요.

그때 저 멀리서 메아리처럼 들려오는 소리가 있었어요.

"그동안 미안했어, 한국사 수호대!
 나도 미래의 사람들에게 더 나은 역사를 물려주기 위해 노력할 거야."

번개도둑의 목소리였어요.

"우리도 자랑스러운 역사를 물려주기 위해 노력할게!"

두 손을 꼭 잡은 강산이와 바다가 외쳤어요.

큰별쌤이 바다와 강산이에게 어깨동무를 하며 말했어요.

"이제부터 우리 역사를 지키기 위한
 한국사 수호대의 진짜 임무가 시작되는 거란다!"

한국사 보물 카드 축제

한국사 수호대가 자랑스러운 우리 역사를 알리기 위해
보물 카드 축제를 준비하고 있어요.
전시물 설명에 맞는 보물 카드를 찾아 카드판에 올려
많은 사람들이 우리 역사를 한 눈에 볼 수 있도록 해주세요.

기록하는 우리 역사

수원 화성을 쌓는데 이용된 거중기를 만든 인물은?

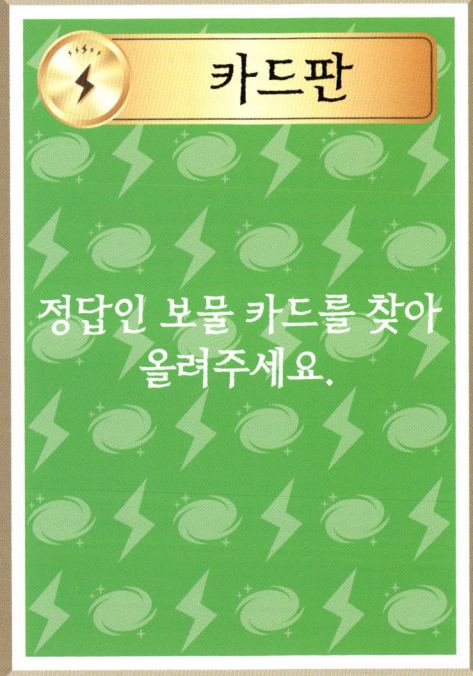

카드판
정답인 보물 카드를 찾아 올려주세요.

고종의 아버지이자 통상 수교 거부 정책을 펼친 인물은?

카드판
정답인 보물 카드를 찾아 올려주세요.

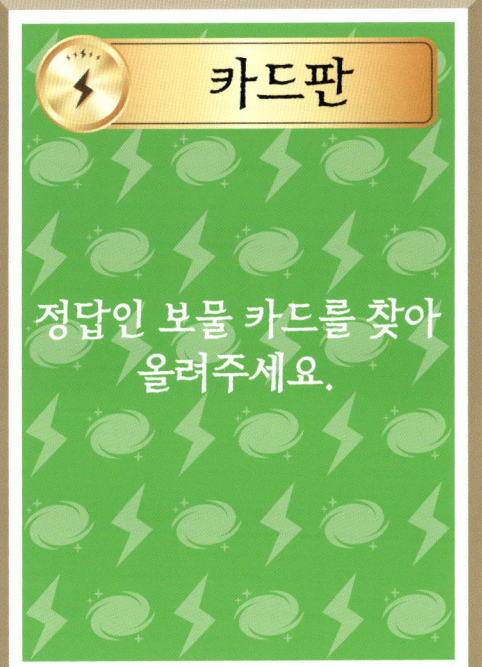

카드판
정답인 보물 카드를 찾아 올려주세요.

고종이 황제의 나라를 선포하고 바꾼 나라의 이름은?

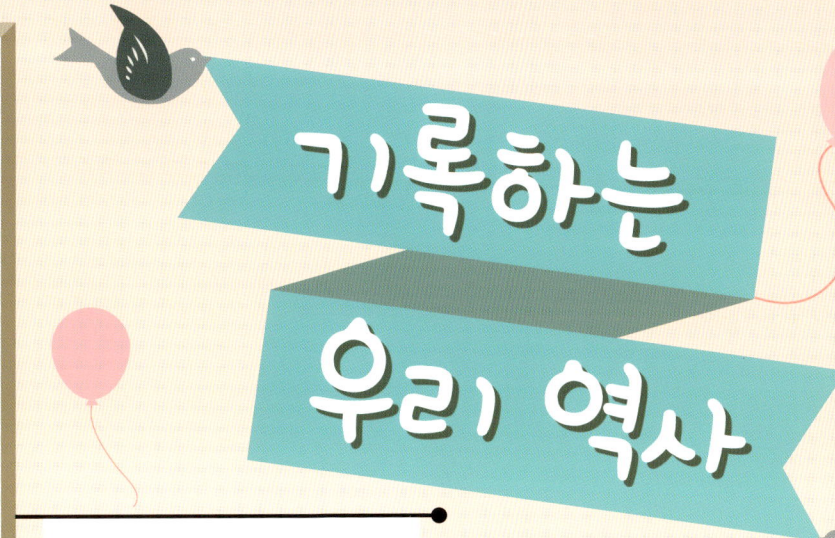

1919년 3월 1일부터 시작된 대규모 독립 만세 운동은?

카드판
정답인 보물 카드를 찾아 올려주세요.

하얼빈에서 이토 히로부미를 처단한 독립운동가는?

카드판
정답인 보물 카드를 찾아 올려주세요.

을사늑약

지금까지 한국사 수호대와 번개도둑의 과거로의
시간 여행을 떠나 보았는데요.
아주 먼 옛날 구석기 시대부터, 삼국 시대, 고려와 조선,
대한 제국과 일제 강점기를 거쳐 광복에 이르기까지.
우리의 역사를 **쭈욱**≈ 만나 보았지요.
우리가 그동안 이룬 것들은 저절로 주어진 것이 아니에요.
많은 사람들의 희생과 노력, 간절함이 모여 만들어진 선물같은 것이죠.
우리가 받은 이 역사의 선물을 후손에게 어떻게 되돌려 주면 좋을까요?
한 번뿐인 오늘, 어린이 여러분들은 어떻게 살고 싶은가요?
이 책과 함께 떠난 한국사 여행이 한국사 공부뿐만 아니라
역사의 소중함을 일깨워 주는 시간이었기를 바랍니다.

★대한민국에서 큰별쌤이★

정답

번개도둑 몽타주 10쪽

광해군과 인조 23~24쪽

정조 29~30쪽

별별 퀴즈 32쪽

흥선 대원군과 개항 39~40쪽

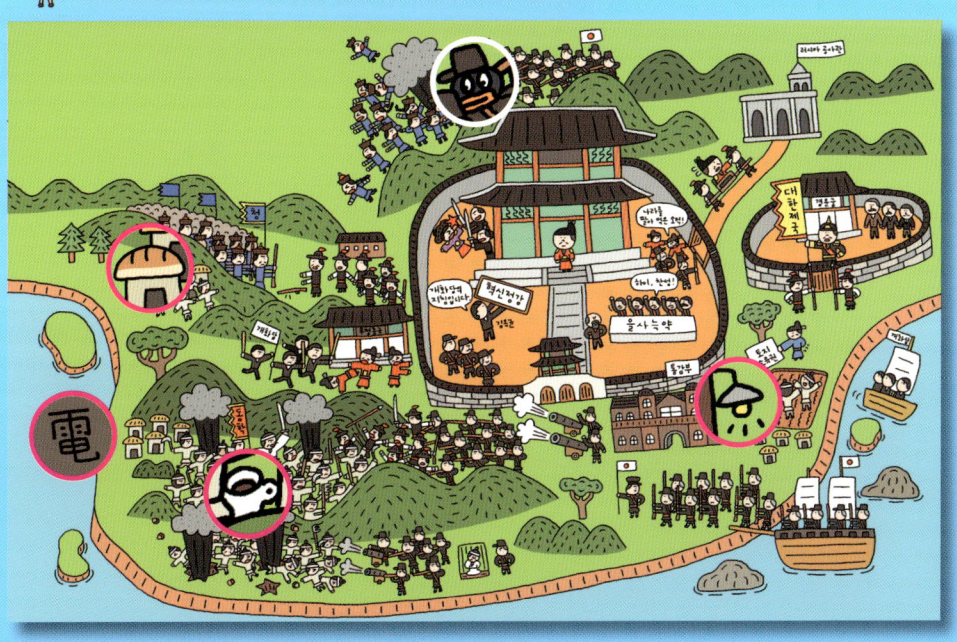

고종 황제와 국권 침탈 47~48쪽

독립운동 / 53~54쪽

우리나라 지킴이 독립운동가 / 55쪽

한국사 보물카드 축제 / 59~60쪽

시간의 문
이동

아라바바 아라뿅뿅
잠긴 시간의 문을,
번개의 힘으로 열어라!
번쩍번쩍!

하하
방어

방어력: ⚡⚡⚡
지속력: ⚡

천둥 번개
명중

우르릉 쾅쾅!!!

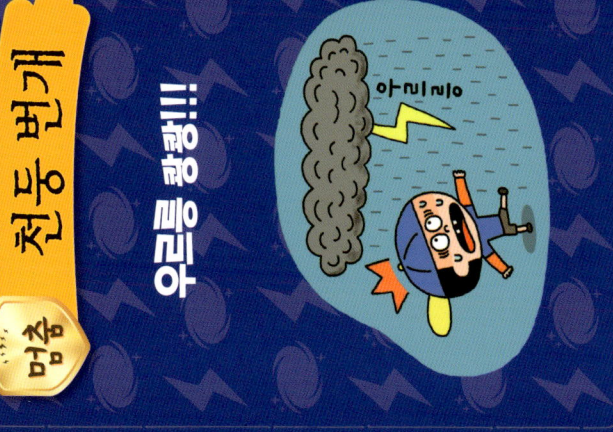
3·1운동
8

일제 강점기
1919년 3월 1일, 일제의 탄압에 맞서 만세를 외친 독립운동이에요.

흥선 대원군
5

조선
어린 고종을 대신해 나랏일을 다스리고, 서양과의 교류를 막았어요.

안중근
7

대한 제국
을사늑약 체결에 앞장선 이토 히로부미를 처단한 인물이에요.

보물 주머니

정약용
6

조선
개혁 정치를 펼치려 한 정조의 명령으로 수원 화성을 설계했어요.

대한 제국
4

대한 제국
황제의 자리에 오른 고종이 선포한 나라 이름이에요.

우리 아이 궁금증 해결을 위한
친절한 가이드

우리 아이에게 우리 역사를 먼저 만나게 해주시고,
끝까지 이 책을 완주할 수 있도록 아낌없는 격려를
보내주신 어머님들. 고맙습니다♥ 멋지고 자랑스럽습니다!!
역사는 과거의 사실을 외우고
시험을 치르는 암기 과목이 아니랍니다.
과거의 사실을 통해 당시의 사람을 만나고,
그들과 편안하게 대화를 나눌 수 있으면 충분히 의미있는 거죠.
그래서 시간 여행이란 소재가 한국사를 시작하는
아이들에게도 딱 맞는 거고요.
이제, 마지막 가이드 엽서입니다.
아이도 엄마도 한국사의 맥을 잡는 즐거운 시간이 되길 바랍니다.

조선에 또다시 불어닥친 위기

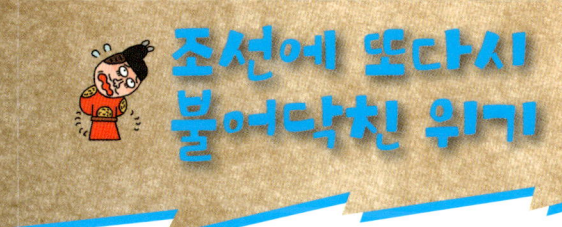

7년간의 긴 전쟁을 치르는 동안 조선의 국토는 황폐해졌고, 백성들의 삶은 어려워졌어요. 광해군은 전쟁으로 인한 피해를 복구하기 위해 많은 노력을 기울였죠. 대동법을 실시하고, 임진왜란 이후 질병으로 고통받는 백성들을 위해 허준이 집필한 의학서 『동의보감』을 편찬하기도 했죠. 또한 광해군은 전쟁을 피하기 위해 명과 후금 사이에서 실리를 따르는 중립 외교 정책을 택하였어요. 하지만 이 일을 빌미로 서인 세력은 인조반정을 일으켜 광해군을 쫓아냅니다. 왕위에 오른 인조는 광해군의 정책을 부정하며 친명배금 정책을 폈어요. 그러자 후금은 1627년 정묘호란을 일으켜 조선에 쳐들어옵니다. 이때는 후금과 형제의 맹약을 맺는 것으로 화의를 맺죠.

힘을 키운 후금은 국호를 '청'으로 바꾸고 조선에 군신 관계를 요구하며 다시 쳐들어옵니다. 이것이 병자호란이죠. 남한산성으로 피신한 인조는 결국 47일 만에 항복하고 맙니다. 그리고 청 황제의 요구대로 항복을 알리고 청 황제의 덕을 칭송하는 삼전도비를 세우게 됩니다.

변화무쌍한 조선 후기의 모습

조선 후기 붕당 간의 대립이 심해지며 공존의 원리가 무너지고 붕당 정치가 변질됩니다. 이런 상황에서 즉위한 영조는 붕당에 상관없이 인재를 고루 등용하는 탕평 정치를 실시하죠. 영조의 뒤를 이은 정조 역시 탕평 정치를 이어나갔어요. 더불어 정조는 왕권을 강화하기 위해 노력하였죠. 규장각을 설치해 학문 연구기관으로 삼고 젊은 학자들을 교육시켰으며, 왕의 호위를 전담하는 부대인 장용영을 설치합니다. 정조의 꿈과 개혁 의지가 오롯이 담긴 수원 화성도 건설했고요. 이렇게 개혁 정치를 펴 나가던 정조가 갑자기 죽으면서, 어린 나이의 순조가 즉위합니다. 이후 19세기에는 몇몇 가문이 권력을 독차지하는 이른바 세도 정치가 전개되었어요. 벼슬을 돈으로 사고파는 매관매직이 성행하고 관리들의 부정부패가 심해지면서 백성들의 삶은 더욱 피폐해졌고, 농민들의 저항은 결국 봉기로 표출됩니다.

스러져가는 조선의 마지막 개혁의 불꽃을 피운 흥선 대원군

어린 나이로 즉위한 고종을 대신해 그의 아버지인 흥선 대원군은 무너져 가는 조선을 일으키고자 여러 정책을 펴 나갑니다. 비변사를 혁파하고 왕실의 위엄을 되찾기 위해 임진왜란 때 불탄 경복궁을 중건해요. 삼정의 문란을 바로잡기 위해 호포제, 사창제 등을 실시하였고요. 흥선 대원군은 서양 열강들의 이양선 출몰에는 통상 수교 거부 카드를 꺼내 들었어요. 병인양요와 신미양요를 겪으며 전국에 척화비를 세워 통상 수교 거부 의지를 확고히 하였죠. 그러나 고종이 친정을 시작하면서 대외 정책에 변화가 생깁니다. 일본은 운요호 사건을 빌미로 조선에 통상 수교를 강요하였고, 강화도 조약이 체결되며 결국 나라의 문을 열게 됩니다. 개항 이후 조선 정부는 일본, 중국 등에 사절단을 파견합니다. 그 영향으로 근대 문물과 시설들을 들여오게 되죠. 근대적 인쇄 기술을 도입한 박문국, 근대식 무기를 제조하는 기기창, 화폐를 만들어 내는 전환국 등이 설치되고 전신, 전화 등이 들어옵니다. 1887년에는 경복궁에 최초로 전등이 밝혀져 궁궐 사람들을 놀라게 했고요.

열강의 침탈과 근대로 가는 길

열강들의 이권 침탈이 심해지는 상황에서 조선의 민초들은 자주적 근대 국가 건설을 목표로 갑신정변, 평등과 외세 배척을 내세우며 동학 농민 운동 등 근대적 개혁 운동을 전개합니다. 하지만 실패로 끝이 났죠. 한편, 정부는 갑오·을미개혁을 통해 근대적 모습들을 갖추면서도 외세에 계속 의존하는 모습을 보여요. 고종과 명성 황후는 일본을 견제하기 위해 러시아를 끌어들였죠. 그러자 일본은 명성황후를 시해하는 만행을 저지릅니다. 고종이 러시아 공사관으로 몸을 피하는 아관 파천을 단행하자 열강들의 이권 침탈은 더욱 가속화되었죠. 마침내 고종은 자주 독립국가로서의 위상을 높이고자 대한 제국 수립을 선포하기에 이릅니다.

하지만 일본은 청·일 전쟁과 러·일 전쟁에서 모두 승리하며 한반도에 대한 주도권을 장악하죠. 일본은 외교권을 박탈하는 을사늑약을 강제로 체결합니다. 우리 민족은 이러한 일본의 국권 침탈에 맞서 항일 의병 투쟁을 벌이고 애국 계몽 운동을 펼칩니다. 안중근 등이 의거 활동을 벌이기도 했고요. 이러한 노력에도 불구하고 1910년 8월 29일, 경술국치로 우리는 일제에 국권을 빼앗기게 됩니다.

국권을 빼앗겼지만, 결코 우리는 포기하지 않았다!

　일제는 우리나라를 강점한 뒤 통치 정책을 시기별로 바꿨어요. 1910년대는 헌병 경찰제를 바탕으로 무단 통치를 실시했죠. 우리 민족은 국내에서는 비밀결사 방식으로, 국외에서는 독립운동 기지 건설 등으로 일제에 저항했어요. 이러한 움직임은 3·1 운동으로 분출되고, 대한민국 임시 정부의 수립으로 이어졌습니다. 그러자 일제는 1920년대 이른바 문화 통치로 전환해 민족 분열 정치를 펴죠. 이때 독립운동가들은 나라 안팎에서 다양한 방식으로 투쟁합니다. 1930년대 이후 침략 전쟁을 확대한 일제가 민족 말살 통치를 시행하자 우리의 말과 글, 역사를 지키려는 시도들이 나타났죠. 대한민국 임시 정부는 한국 광복군을 설치해 국내 진공 작전 등을 계획하지만 일본의 갑작스러운 패망으로 실행에 옮기지는 못했어요. 1945년 8월 15일, 우리 민족은 꿈에 그리던 광복을 맞이합니다. 일제에 맞서 자신의 청춘과 목숨을 바친 분들이 있었기에, 지금 우리가 오늘의 대한민국에 살고 있음을 꼭 기억해 주세요.

 ## 광해군과 인조

1. 허준이 동양 의학의 거울이 될 의학책인 동의보감을 썼어.
2. 명나라가 조선에 후금을 공격할 군사를 요청했어.
3. 광해군은 강홍립 장군에게 군사를 이끌고 가 명나라를 도우라고 했어. 그리고 상황에 따라 적절하게 대처하라고 말하였지.
4. 임진왜란으로 조선과 일본의 국교가 단절되었어. 광해군 때 일본은 국교 재개를 요청하였지.
5. 인조가 인조반정으로 광해군의 뒤를 이어 왕위에 올랐어. 인조는 명나라와 친하게 지내고 청나라를 멀리하는 정책을 펼쳤지.
6. 인조 때 청나라가 조선을 침입한 병자호란이 일어났어. 청나라의 공격에 인조와 신하들은 남한산성으로 몸을 피했어. 하지만 결국 인조는 청나라에 항복하였지.
7. 병자호란 이후 청나라에 인조의 아들인 소현 세자와 많은 백성들이 인질로 끌려갔어.
8. 소현 세자는 청나라에서 발전된 서양의 문물을 접하였어. 조선을 잘 사는 나라로 만들기 위해서는 청나라를 무조건 멀리하는 것이 아니라 배울 건 배워야 한다고 생각했지.

정조

흥선 대원군과 개항

 정조

1. 영조는 탕평책을 실시하여 정치를 안정시키고자 했어. 당시 당파 간 싸움으로 영조의 아들인 사도 세자는 뒤주에 갇혀 죽음을 맞았지.
2. 영조의 뒤를 이어 그의 손자이자, 사도 세자의 아들인 정조가 왕위에 올랐어.
3. 정조는 왕실 도서관인 규장각을 세웠어. 그곳에서 젊고 유능한 인재들이 나랏일을 마음껏 연구하도록 하였지.
4. 또한 왕의 친위 부대인 장용영을 설립하였어.
5. 정조는 새로운 정치를 펼치기 위해 신도시 수원 화성을 건설하였어. 수원 화성에는 개혁을 향한 정조의 꿈이 담겨있지.
6. 수원 화성은 거중기와 녹로 등 새로운 과학 기술을 사용하여 만들어 졌어.
7. 정조는 한양에서 출발해 수원 화성까지 직접 행차하였어. 정조의 행차 소식을 들은 백성들은 징이나 꽹과리를 쳐서 자신의 억울한 사정을 알리기도 했지.
8. 정조는 시전 상인이 상권을 독점하는 것을 금지하였어. 당시 시전 상인은 허가받지 않은 상인을 단속할 수 있는 금난전권이라는 특권을 누렸지. 정조가 이 특권을 없앴단다.

 흥선 대원군과 개항

1. 어린 나이에 왕이 된 고종을 대신해 흥선 대원군이 나랏일을 다스렸어.
2. 흥선 대원군은 왕실의 권위를 높이기 위해 경복궁을 다시 지었어. 이때 강제로 백성들을 불러 일을 시켰어. 이로 인해 백성들에게 원망을 듣기도 했지.
3. 흥선 대원군은 부당하게 세금을 면제받던 서원을 일부만 남기고 정리하였어.
4. 흥선 대원군은 다른 나라와 교류를 하지 않는 통상 수교 거부 정책을 펼쳤어.
5. 1866년에 프랑스가 강화도를 침입한 병인양요가 일어났어. 조선은 정족산성에서 프랑스의 공격을 막아내고 치열한 전투 끝에 승리를 거두었지.
6. 조선이 통상을 거부하자, 독일의 상인 오페르트가 남연군의 묘를 파헤치려 시도하였다가 실패한 일이 벌어지기도 했어. 남연군은 흥선 대원군의 아버지야.
7. 1871년에 미국이 강화도를 침입한 신미양요가 일어났어. 어재연이 이끄는 조선의 군대는 광성보에서 목숨을 걸고 싸웠지.
8. 흥선 대원군은 척화비를 세워 서양과 교류하지 않겠다는 의지를 알렸어.
9. 운요호 사건의 책임을 물어 일본은 조선에 조약을 요구했고, 1876년에 강화도 조약이 맺어졌어. 강화도 조약은 조선이 맺은 최초의 근대적 조약이자 불평등한 조약이었단다.

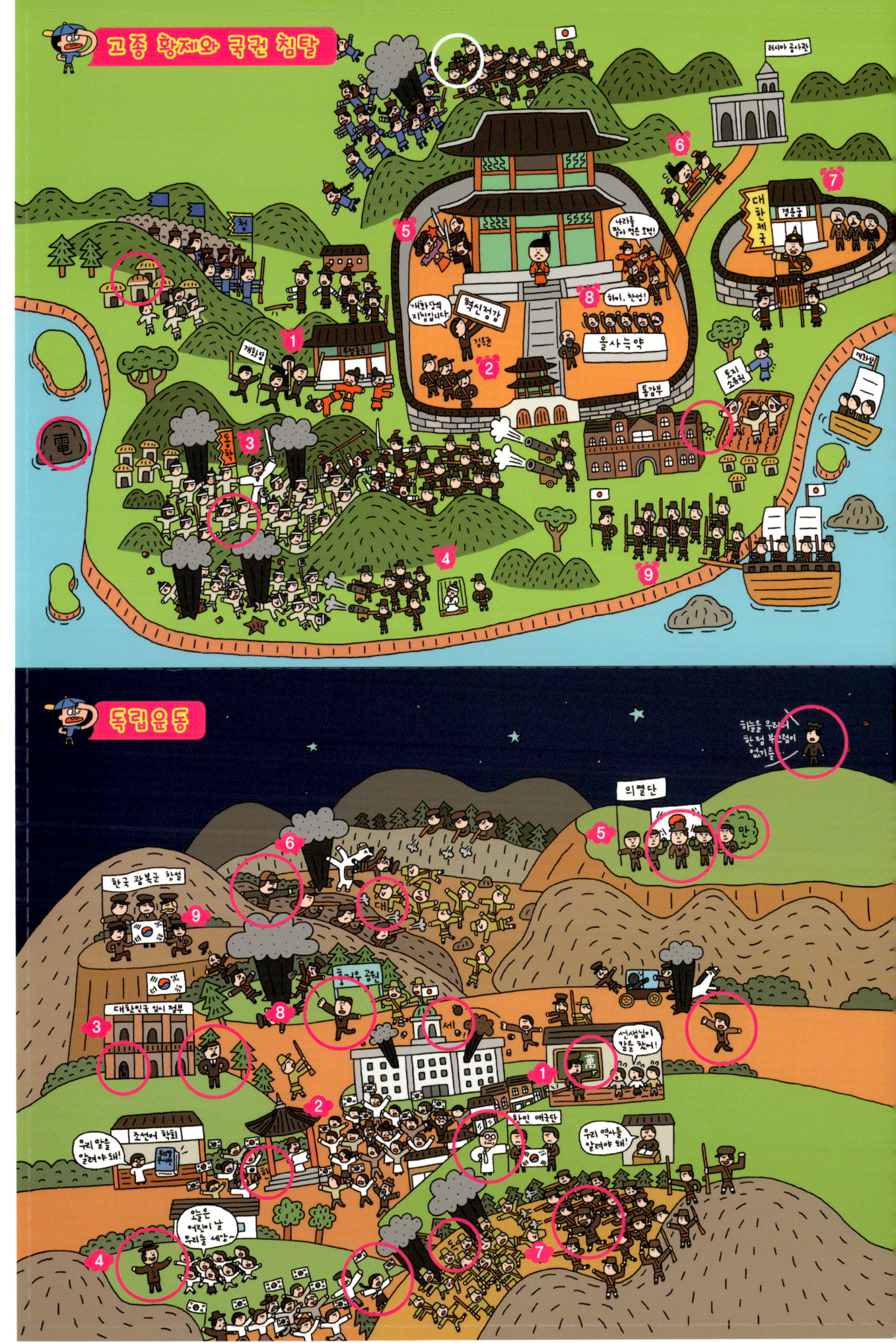

 ## 고종 황제와 국권 침탈

1. 김옥균을 비롯한 급진 개화파가 우정총국 개국 축하연에서 1884년 갑신정변을 일으켰어.
2. 궁궐을 차지한 김옥균은 새 정부를 세우고 개화 정책을 발표하였지. 조선 정부는 청나라에 도움을 요청했고, 결국 갑신정변은 3일만에 끝이 났단다.
3. 1894년에 동학 농민군은 탐관 오리의 횡포와 잘못된 정치를 바로잡고 외세의 침략에 맞서기 위해 동학 농민 운동을 일으켰어.
4. 동학 농민군은 여러 전투를 벌였지만 결국 우금치 전투에서 일본군에 패배하였어. 이때 동학 농민 운동의 지도자인 전봉준이 한양으로 붙잡혀 가 처형을 당하였지.
5. 1895년 일본은 경복궁으로 군인과 무사들을 보내 고종의 아내인 명성 황후를 시해하였어. 이를 을미사변이라고 하지.
6. 을미사변 이후 위협을 느낀 고종은 러시아 공사관으로 몸을 피해 머물렀어(아관 파천).
7. 1897년 경운궁으로 돌아온 고종은 황제의 나라, 대한 제국을 선포하였어.
8. 1905년 일본에 강제로 외교권을 빼앗긴 을사늑약이 체결되었어.
9. 나라를 지키기 위한 여러 노력에도 불구하고 1910년 우리나라는 일제에 국권을 빼앗기고 말았단다.

 ## 독립운동

1. 나라를 빼앗긴 이후, 일본의 무단 통치가 실시되었어. 이때 관리와 교사들은 군복을 입고 칼을 차고 수업을 했지.
2. 1919년 3월 1일, 민족 대표들이 독립 선언서를 발표하고 탑골 공원에서 많은 사람들이 만세를 외쳤어.
3. 3·1 운동 이후 여러 독립운동가들은 독립운동을 체계적으로 이끌어갈 정부의 필요성을 느꼈어. 그 결과 중국 상하이에 대한민국 임시 정부가 세워졌지.
4. 방정환은 민족의 미래가 어린이에게 있다며 어린이를 존중하는 운동을 펼쳤어. 잡지 <어린이>를 펴냈고 어린이날을 만들었지.
5. 의열단은 1919년 중국에서 김원봉이 조직한 항일 무장 단체야. 의열단은 식민 통치 기관을 파괴하거나 일제의 주요 간부 등을 처단하는 것을 목표로 삼았지.
6. 홍범도가 이끄는 대한 독립군 등이 봉오동에서 일본군을 크게 무찔렀어.
7. 김좌진이 이끄는 북로 군정서 등 독립군 연합 부대가 청산리에서 일본군에 승리하였어.
8. 한인 애국단 단원인 윤봉길은 홍커우 공원에서 대한 독립 만세를 외치며 폭탄을 던졌어. 윤봉길 의거 이후 중국이 임시 정부를 도와주면서 독립운동은 활기를 되찾았지.
9. 한국 광복군은 1940년 중국에서 창설된 대한민국 임시 정부의 정식 군대야. 일본과의 전쟁을 준비하였지만 일본의 갑작스러운 항복으로 국내 진공 작전을 실행하지 못했단다.

큰★별쌤과 우리 아이 첫 놀이 한국사
못말리는 한국사 수호대 8
미션: 외세의 침략으로부터 나라를 구하라

초판 8쇄 발행 2025년 4월 25일
초판 1쇄 발행 2020년 9월 25일

글 | 최태성, 곽승연
그림 | 신동민
감수 | 모두의 별별 한국사 연구소
발행인 | 손은진
개발 책임 | 김문주
개발 | 김숙영, 서은영, 민고은
제작 | 이성재, 장병미
디자인 | 한은영, 오은애
마케팅 | 엄재욱, 조경은

발행처 | 메가스터디㈜
출판사 신고 번호 | 제2015-000159호
주소 | 서울시 서초구 효령로 304 국제전자센터 24층
전화 | 1661-5431
홈페이지 | http://www.megastudybooks.com
출간제안/원고투고 | 메가스터디북스 홈페이지 <투고 문의>에 등록

이 책은 메가스터디㈜의 저작권자와의 계약에 따라 발행한 것이므로 무단 전재와 무단 복제를 금지하며, 이 책 내용의 전부 또는 일부를 이용하려면 반드시 저작권자와 메가스터디㈜의 서면 동의를 받아야 합니다.
잘못된 책은 구입하신 곳에서 바꾸어 드립니다.

메가스터디BOOKS

'메가스터디북스'는 메가스터디㈜의 교육, 학습 전문 출판 브랜드입니다.
초중고 참고서는 물론, 어린이/청소년 교양서, 성인 학습서까지 다양한 도서를 출간하고 있습니다.

- 제품명 못말리는 한국사 수호대 8권
- 제조자명 메가스터디㈜ · 제조년월 판면에 별도 표기 · 제조국명 대한민국 · 사용연령 3세 이상
- 주소 및 전화번호 서울시 서초구 효령로 304(서초동) 국제전자센터 24층 / 1661-5431